JOHN MUIR

PERSONAS QUE CAMBIARON LA HISTORIA

David y Patricia Armentrout

Traducido por Eida de la Vega

Rourke Publishing LLC
Vero Beach, Florida 32964

www.rourkepublishing.com

DERECHOS DE LAS FOTOGRAFÍAS
©PhotoDisc, Inc.
©Biblioteca del Congreso

SERVICIOS EDITORIALES
Pamela Schroeder

Catalogado en la Biblioteca del Congreso bajo:
—

Armentrout, David, 1962-
  [John Muir. Spanish]
  John Muir / David and Patricia Armentrout
    p. cm. — (Personas que cambiaron la historia)
  Includes bibliographical references and index.
  Summary: A simple biography of the naturalist who founded the Sierra Club and was influential in establishing the national park system.
  ISBN 1-58952-168-4
  1. Muir, John, 1838-1914—Juvenile literature. 2. Naturalists—United States—Biography—Juvenile literature. 3. Conservationists—United States—Biography—Juvenile literature. [1. Muir, John 1838-1914. 2. Naturalists. 3. Conservationists. 4. Spanish language materials.] I. Armentrout, Patricia, 1960- II. Title

QH31 .M9 A8418 2001
333.7'2—dc21
[B]   2001031979

Impreso en EE.UU.—Printed in the USA

CONTENIDO

JOHN MUIR

John Muir nació en Escocia en 1838. Cuando John tenía diez años, su familia se mudó a Estados Unidos.

John pasó su infancia trabajando en la granja familiar. No asistía a la escuela, pero leía libros por su propia cuenta.

Lo que más le gustaba hacer era explorar las tierras despobladas que rodeaban su casa. Le encantaba caminar por los bosques y observar las plantas y los animales.

Lo que más le gustaba a John Muir era la naturaleza.

JOHN, EL INVENTOR

John leía mucho sobre máquinas. Él mismo inventó algunas. Cuando tenía 22 años, abandonó la granja y llevó algunos de sus inventos a una feria en Madison. Ganó dinero por su trabajo.

John se quedó en Madison y asistió a la universidad allí. Disfrutaba muchísimo estudiando **botánica**.

John con su buen amigo el escritor John Burroughs.

LA GRAN PASIÓN DE JOHN

John trabajaba con las máquinas para ganarse la vida, pero su gran pasión era explorar la naturaleza.

En 1867, John tomó una **brújula**, algunos mapas y poco más y empezó a caminar alrededor de 25 millas (40 km) cada día. El largo viaje de John lo llevó a la Florida y después a Cuba, de donde tomó un barco hacia Nueva York. De allí navegó a San Francisco, California. Quería ver el valle de **Yosemite**.

John necesitaba muy poco para sentirse cómodo en la naturaleza.

EL VALLE DE YOSEMITE

El valle de Yosemite está en las montañas llamadas **Sierra Nevada**. John estaba asombrado por la belleza del valle. Era muy diferente de cualquier lugar que hubiera visitado antes.

John se preguntaba cómo se había formado el valle. Pensó que los **glaciares** habían cortado y modelado el valle. John clavó estacas en las montañas cubiertas de hielo. Pasado un tiempo, midió cuánto se había movido el hielo. De ese modo probó que los glaciares habían formado el valle de Yosemite.

AÑOS DE EXPLORACIÓN

Durante años, John exploró la naturaleza. Escribió artículos acerca de lo que había aprendido en las tierras salvajes que había recorrido.

John recorrió cientos de millas dentro del valle de Yosemite y en la región de **secoyas** de California. Fue al lago **Tahoe** y luego al norte a escalar el monte Shasta.

En 1876, John escribió un artículo que trataba de la **conservación** de los bosques. Quería que todo el mundo supiera la importancia de salvar la naturaleza del país.

El monte Shasta está en el norte de California.

BAHÍA GLACIAR, ALASKA

En 1879, John viajó a Alaska. Escaló y estudió los glaciares. En la actualidad, hay un glaciar que lleva su nombre.

John regresó a California en otoño. Iba a casarse con Louie Strentzel. John y Louie se casaron en 1880. En 1886, ya tenían dos hijas.

Louie sabía que John necesitaba pasar mucho tiempo en la naturaleza. Mientras John exploraba, Louie se entretenía leyendo, se ocupaba de su jardín y disfrutaba de las cartas y dibujos de John.

John Muir viajó a Alaska para estudiar los glaciares y descubrió la Bahía Glaciar.

EL SISTEMA DE PARQUES NACIONALES

John temía que algún día el valle de Yosemite pudiera ser destruido. Escribió artículos en los que advertía de las consecuencias de destruir los bosques. Esto condujo a la creación del Parque Nacional de Yosemite en 1890. John Muir es conocido como el padre de nuestro Sistema de Parques Nacionales.

Dos años después, John y sus amigos formaron el Club Sierra que se proponía conservar la naturaleza y los animales salvajes de Estados Unidos.

Las hermosas cataratas de Yosemite en el Parque Nacional de Yosemite.

ENCUENTRO CON EL PRESIDENTE ROOSEVELT

John viajó por todo el mundo para estudiar sus bosques. Sin embargo, siempre regresaba a la Sierra Nevada.

John conoció al presidente Roosevelt en el valle de Yosemite en 1903. Acamparon juntos y hablaron de cómo se podrían poner a salvo las tierras salvajes de Estados Unidos.

John pasó sus últimos años escribiendo y visitando Yosemite. Murió en 1914 a la edad de 76 años. John Muir es recordado como el conservacionista más famoso de Estados Unidos.

El presidente Theodore Roosevelt visita a John Muir en el valle de Yosemite.

EL LEGADO DE JOHN MUIR

Puedes comprender el amor de John Muir por la naturaleza cuando visitas algunos de sus lugares favoritos. Muchos lugares llevan el nombre de John. El Monumento Nacional de los Bosques Muir está cerca de San Francisco. Allí puedes caminar por senderos bordeados de enormes secoyas. La casa de John Muir cerca de San Francisco es un lugar histórico nacional. Por supuesto, el Glaciar Muir puede observarse en el Parque Nacional Bahía Glaciar en Alaska.

John cultivaba la tierra junto a su suegro, el Dr. John Strentzel, en su granja de California.

FECHAS IMPORTANTES PARA RECORDAR

1838	Nace en Dunbar, Escocia (21 de abril)
1849	La familia de Muir se muda a Estados Unidos
1860	Gana dinero al ser premiado por sus inventos
1868	Navega hasta San Francisco, California
1870	Prueba la Teoría del Glaciar
1879	Descubre la Bahía Glaciar en Alaska
1880	Se casa con Louie Strentzel
1890	Yosemite se convierte en Parque Nacional
1892	Forma el Club Sierra
1914	Muere en Los Ángeles (24 de diciembre)

GLOSARIO

botánica — ciencia que trata de las plantas y de la vida de las plantas

brújula — instrumento usado para orientarse al norte, sur, este y oeste

conservación — ahorrar y administrar los recursos naturales, como los bosques

glaciares — grandes masas de hielo que se trasladan lentamente por una montaña o un valle

secoya — un enorme árbol conífero perenne de California

Sierra Nevada — cadena montañosa de California

Tahoe — enorme lago de agua dulce en la frontera entre California y Nevada

Yosemite — una reserva natural en California, llamada así por los indios yosemites que vivían en esa región

ÍNDICE

Lecturas recomendadas

Fox, Stephen R. *John Muir and His Legacy.*. Little Brown & Company, Canada ©1981

Green, Carol. *John Muir Man of the Wild Places*. Children's Press, Chicago ©1991

Wadsworth, Ginger. *John Muir Wilderness Protector.*. Lerner Publications,
   Minneapolis ©1992

Páginas Web recomendadas

• www.sierraclub.org/history/muir

Acerca de los autores

David y Patricia Armentrout se especializan en escribir libros de no ficción. Han publicado varios libros de lectura para escuelas primarias. Viven en Cincinnati, Ohio, con sus dos hijos.